「みんなの学校」から「みんなの社会」へ

尾木 直樹、木村 泰子

表紙・尾木直樹氏写真 ©XP

はじめに――「社会を変える」＝「自分を変える」……2
第1章 子どもが見えなくなっている学校現場……6
第2章 正解のない問いを問い続ける大切さ……16
第3章 道徳の教科化が子どもたちから奪うもの……26
第4章 「みんなの学校」から「みんなの社会」へ……40

岩波ブックレット No. 997

はじめに――「社会を変える」＝「自分を変える」

尾木直樹さんと木村泰子さんの対談をお読みいただくまえに、この対談の企画者のひとりとして、企画に至る経緯や意図、本書の意義などについて簡単に述べたいと思います。

「「みんなの学校」から「みんなの社会」へ」という本書のテーマは、いま学校現場が抱える問題について解決へと導く糸口を提案したうえで、ＡＩ（人工知能）や超少子高齢化により、大きな変化を余儀なくされている日本社会の在り方も併せて考えようというものです。

しかし、専門家の知恵を結集し、これまで誰も思いつかなかった斬新なアイデアを提案しようというものではありません。むしろ答えはシンプルで、実は誰もが気づいていることなのです。しかし、世の中の「あたりまえ」に流されるまま、それを疑い逆らうことなく生きる人生を選ぶことで、学校や社会をつくるうえでの大切なヒントを忘れてしまっているだけだと考えています。このように私自身を、社会を考えるうえで原点に立たせてくれたのが、二〇一五年に劇場公開されたドキュメンタリー映画『みんなの学校』が描き出した、子どもたちの育ちの事実です。

それは、「自分がされていやなことは人にしない。言わない」というたった一つの約束と、「すべての子どもの学習権を保障する」という教育理念のもと、様々な環境に生まれ育つすべての子どもが同じ教室で一緒に学ぶ、大阪にある公立小学校の日常を描いていました。いま、すべての子どもたちにとって、学校や社会が「安全」な場所になっているとは決して言えない中で、映画『みんなの学校』は、木村泰子校長(当時)、教職員、地域の人に見守られながら、安心した空気の中で、自分らしく成長する子どもたちの姿を映し出しました。

そして「こんな学校が増えたら子どもたちはもっと幸せになれる」という思いが、次第に「「みんなの学校」をつくることは「みんなの社会」をつくることに他ならない」という確信に変わり、私は仕事の傍ら大学院に籍を置き、「みんなの学校」の教育実践を社会実装する意義を論文にまとめつつ、木村泰子さんを囲み、様々な立場の方とともに様々なテーマで対話を重ね、一人ひとりが自分を変えるきっかけとなる場をつくることに努めてきました。

この映画を同じ目線で観ていたのが尾木ママこと、教育評論家の尾木直樹さんでした。映画のパンフレットに「ここには、ありのままの公立小学校の魅力が、大胆に惜し気もなく躍動している。人間が発達可能体であることを、限界なしに教えてくれる」というコメントを寄せられているのを拝見し、影響力のある教育者同士が対話を行うことで、日本の教育を根本から変え、ひいては社会を変える出発点が見つかるのではと考え、尾木直樹さんと木村泰子さんの対談イベントを企画しました(二〇一八年六月三〇日開催)。

本書は、おふたりの対談を聞いてくださった岩波書店編集部の田中宏幸さんの力添えにより、これまで四年余り「みんなの学校」から多くを学んできたひとりとして、会場に収まりきらなかったみなさまに、その内容を共有したいという思いからまとめました。実は、対談のテーマとして設定したのは、「道徳の教科化」(小学校では二〇一八年四月から、中学校では二〇一九年四月から開始)でした。ところが、道徳の授業が抱える問題は、いまの学校が抱える問題に他ならず、さらに社会を分断している要因とも共通することがおふたりのお話しから見えてきたのです。

日々ニュースが伝える教育現場や社会を形容する言葉はネガティブなものが目立ちます。しかしそこに生きる「一人ひとり」に目を向けた時、大きな可能性が見えてくるのも事実です。学校も社会も、そこに存在するものではなく、私たち一人ひとりが主体的につくるものです。つまり、「社会を変える」とは、そこに生きる一人ひとりが「自分を変える」ことの総和なのではないでしょうか。

本書は、尾木直樹さんと木村泰子さんの対話から、学校現場が抱える課題とこれからの社会を生きる子どもたちに必要な力を整理したうえで、道徳の教科化の問題点を指摘するとともに、自分を変えるためにシンプルで有効な考え方を示しています。そして、そうした変化が周りを巻き込み、やがて「みんなの社会」へとつながっていく力になると確信しています。

丸山　剛

二〇一九年三月

丸山《まるやま》　剛《ごう》　愛知県出身。慶應義塾大学文学部卒業。株式会社クリックネット代表取締役。ライターとして教育、キャリア分野を中心に、取材・執筆などを行う。二〇一六年四月より二年間、立教大学大学院21世紀社会デザイン研究科に在籍し、インクルーシブ教育および共生社会をテーマに研究を行う。木村泰子さんとの対話勉強会「みんなの学校　みんなの社会」を主宰。また、『不登校ゼロ、モンスターペアレンツゼロの小学校が育てる　21世紀を生きる力』(木村泰子・出口汪共著、水王舎、二〇一六年)の企画・構成を担当。

第1章　子どもが見えなくなっている学校現場

「普通」や「あたりまえ」が子どもたちを苦しめる

尾木直樹　木村泰子先生との出会いは、『みんなの学校』というドキュメンタリー映画のスクリーンの中でした。最初、『みんなの学校』というタイトルを聞いた時は、何とも平凡なタイトルの映画だなあと思いながらも（笑）、大阪の下町にある公立小学校の教育実践を追ったドキュメンタリーだと知り、期待に胸を膨らませて試写を観させていただきました。映画のパンフレットにもコメントを寄せていますが、「公立小学校でこんな実践ができるんだ」というのが、全国の学校を見て回ってきた僕の率直な感想でした。

木村泰子　「みんなの学校」とはパブリックの学校、つまり「地域住民のための学校」という意味で、すべての公立学校の総称です。私たちが当時、映画の舞台となっている大阪市立大空小学校で掲げた「すべての子どもの学習権を保障する」という理念も、そもそも憲法で定められていることで、特別なものではありません。目の前の子どもたちに、すべての大人たちが向き合ってきただけのあたりまえの日常を描いた映画を、誰が観てくれるんだろうと思っていたくらいです。でも、尾木ママからのコメントを読ませていただいて、「私たちの実践はこれでよかったんだ！」

とみんなで安心したものでした。

尾木　いま教育現場や子どもたちを取り巻く環境は本当に様々な問題を抱えていますが、スクリーンの中で、先生や地域のみなさんの愛情にあふれたまなざしのもと、一般には発達障害とか知的障害と呼ばれる子どもたちが、まろやかに感情をコントロールしながら学校生活や友達との関係を営んでいる姿が本当に印象的でした。何より僕がいいなあと思ったのは、そうした子たちの周りの子どもたちがお互いに関わりながら成長しているところです。そして映画を観終わった時には、「『みんなの学校』って、なんて良いタイトルを付けたんだろう」と感心してしまいました(笑)。

木村　当時、特別支援の専門家がいたわけでも、マニュアルがあったわけでもなかったので、ただただ多様な子どもたちを見て感じ、子どもに学ぶだけの毎日を積み重ねてきました。だから、私たちのやってきたことは、外で評価されるようなことではないということを一番知っているのは私たちです。そのため、「良い実践ですね」と言われても、「普通の学校です」と答えてきたのですが、ある出来事をきっかけに、「普通」という言葉を安易に使えない自分になっています。

　以前、「先生、普通って何なん?」と、手首に複数の傷跡をつけた青年に聞かれたことがありました。「みんなはできるのに何でお前はできないんだ。普通のことくらいあたりまえにしろよ」と小学校でも中学校でも言われ続けてきたそうです。その時、「普通」という言葉がどれくらい子どもたちを苦しめているかを、思い知らされました。あわせて、「普通」とか「あたりまえ」

という言葉の見直しが、学校や社会にとって、とても重要なキーワードになるのではないかと思っています。

尾木　学校や社会では、大人にとっての「あたりまえ」や「普通」を子どもたちに押しつけているケースが多々あります。僕は「あいさつ運動」や「食べ残しゼロ運動」といった言葉にとても違和感を覚えています。

木村　「あいさつ運動」は何のためにするのか、きちんと説明できる大人が一体どのくらいいるでしょうか。大人だって「おはよう」と言いたくない日くらいあるじゃないですか。子どもはみんな元気よく「おはよう」って登校するのが普通だという前提があるから、あいさつできる子はマル、できない子はバツという評価につながるのです。家で親から「おはよう」と言われたことすらない子どもも一緒に通っている。それがパブリックの義務教育だということを肝に銘じたうえで子どもに関わらなければならない。私たちは、そうしたことを様々な背景や環境で育った子どもたちから教えてもらいました。

尾木　あいさつを強要すると、先生は本当の子どもの姿が見えなくなってしまいます。「運動」として押しつけることで、その子のその日の体調や気持ち、周囲のことが見えにくくなるおそれがありますよね。子どもと先生の関係を断ち切ってしまうのが「あいさつ運動」の本質なのです。

一〇年以上前になりますが、ある小学校で六年生の女子児童がカッターナイフで同級生の首を切って死亡させてしまうという衝撃的な事件が起きました。事件後、校長先生はマスコミの取材に対し、「こんな事件が起こるなんて、晴天の霹靂《へきれき》です。正門でも元気にあいさつする子だったのですが」といった主旨を述べています。当時、この学校のある地域では、「あいさつ・声かけ運動」を含め、子どもの成長を地域で支えようと力を入れているところでした。

事件当日の朝、その子はカバンの中にカッターナイフを忍ばせ、ドキドキしながら登校していたはず。仮に、この「あいさつ・声かけ運動」をやっていなければ、先生方も普段とは違う子どもの様子に気づくきっかけをもっと持てていたかもしれません。「運動」としてではなく、「どうしたの？　何かあったの？」という言葉がけで、最悪の事態を招かずに済んだのかもしれないのです。

木村　本当にその通りです。他にも学校であたりまえに慣習として行われていることが、子どもの姿を見えづらくしているというケースは多々あります。

例えば、学校では校長先生が話をする際、子どもたちは整列して姿勢を正して聞くのが普通だと思われています。でも、子どもたちの中には、「ちゃんと座って聞くように」と言われると、座ることに神経がいってしまい、落ち着いて話が聞ける状態ではなくなってしまう子がたくさんいます。本当は話を聞くことが目的のはずなのに、整列することが目的になってしまうと、やっぱり子どもが見えなくなってしまうのです。

子どもたちがバラバラに集まって、思い思いに座れば、「今日は何で普段仲良しのふたりが離れて座っているんだろう」「あの子ひとりぼっちだけど何かあったのかな」というように、暗黙の裡《うち》に私たち大人は子どもの変化に気づくことができます。あたりまえに行われている整列という集団行動が、子どもたちの関係性をも見えづらくしてしまう可能性があることに気づく必要があると思います。

子どもを主語にして、「見せる」学校を断捨離

尾木　僕は講演会や視察などで、全国各地の小・中・高校に伺っていますが、ある市では教育アドバイザーとして、五年続けてすべての学校を回ったことがあります。僕が行くというと、「尾木ママが来てくれるのだから」と、歓迎の意味もあるのかもしれませんが、それぞれの学校が普段とは違うイベントを企画してしまうのです。普段着の学校を見せてくれればいいのに、子どもたちがまるで舞台の上で衣装をまとい、筋書き通りに演じさせられているようで、なんだか気の毒になってしまいました。まさに僕に「見せる」ための発表です。善意からなのでしょうが、こうやって大人がつくった型に子どもをはめてしまうと、本当の子どもの姿が見えなくなってしまいますね。

そのため、問題点を現場の先生方と共有し、しっかりと対話を行いながら、経過を見させてもらっていましたが、四年目ですべての学校が、子どもたちと先生の心が通いあった人間味のある、血の通った学校に変わりました。その時僕は、どんな学校も変われるという確信を持ちました。

木村　いま全国の教育現場で問題の根源になっていると思っているのは、学校が「見せるもの」

になっていることです。「うちの学校、良い学校でしょ？」と、自分たちの学校を良く見せることが目的になってしまうと、子どもたちはそのための手段になります。そうなれば、邪魔な子は排除しようという原理がどうしても働いてしまいます。ところが「見せる学校」を断捨離《だんしゃり》すれば、一人ひとりの子どもが見えてくるようになります。だからまずは、「見せる学校」を全国の学校が断捨離したら何かが大きく変わると思いませんか？

例えば、学習参観日の目的は何か。子どもはよく知っています。「先生、何で今日はいい服に着替えるの？」「何で普段は言わないことを今日は言うの？」という具合に。つまり参観日の目的が、子どもたちが学ぶ姿を見せるのではなく、先生が自分の良い姿を見せて、保護者に安心して帰ってもらうことになっているのです。このように、いま教育現場では、学びの主体である子どもが主語になっていないのです。

私自身、過去の教員時代を振り返ると、そんな先生でしたからよくわかります。子どもたちの「参観日って何であるの？」という疑問の声を聞いたら、「学校は参観日をやるのがあたりまえだから」という一言で片付けず、教職員みんなで対話し、要《い》らないという結論になれば断捨離すればいいんです。

尾木　本来は子どもたちの現状の学力を調査することが目的の「全国学力・学習状況調査」（二〇〇七年度より日本全国の小学六年生、中学三年生全員を対象に実施されている学力テスト）ですが、実質的には、自治体や学校間の競争になってしまっていることから、ここでも子どもたちに不利益が生じています。

実際にある自治体で耳にした話なのですが、調査日の前日、勉強が苦手なふたりの子どもに先生が、「明日は休んでいいよ」と言ったそうです。こうやって学校の都合で実際に子どもたちが排除されているのです。これも自分の学校を良く見せたい、ひいては評価を上げたいという理由に尽きます。


木村 「見せる学校」は、学校と地域の関係性も断ち切ってしまいます。学校には様々な行事がありますが、地域の人が「学校を見学に来る」という状況をつくってしまうと、やはり良く見せざるを得ません。であれば、「見に来る」「見せる」という関係を断捨離すればいいのです。

そこで出てきたのが、学校と地域住民とのウィン・ウィン（Win-Win）な関係づくりです。「地域住民にとっても、学校にとってもいい」、そんな関係です。ではどうやってつくったらいいのか。それは、「今日、一番しんどい子どもは誰？」という視点でみんなが子どもを見て、その子がしんどくないようにすればいいのです。

ただし、その時学校が「お願いします。地域の方、ぜひ学校に来て一緒に子どもたちを見てください」というスタンスではウィン・ウィンではなく、ギブ・アンド・テイクになってしまいます。そういう関係性をつくってしまうと、自分が行ったことに見返りを求めてしまい、「せっかく子どもの世話をしてあげたのに、ありがとうとも言われなかった」と不満に感じてしまうでしょう。

「今日は誰が一番困っている？　困っている子はいないかな？」と困っている子どもを見つけて、その子の横にヒョイッと空気のように寄り添っていく。すると子どもは安心して隣の大人からわからないところを教えてもらったり、話の相手をしてもらったりできるのです。そういう関係の中で、子どもたちは地域の人たちの空気を感じながら、「俺、勉強苦手だけど、このじいちゃんも中学しか出てないのにこうやって幸せそうだし、俺もこれでいいのかも」と、自尊感情を高めることができるのです。

そうした子どもを見て地域の人たちも自分たちの存在意義を認めることができるため、満足して帰っていきます。決してありがとうと言ってもらうことが目的ではないのです。このようなウィン・ウィンの関係を築くことができれば、もう「見せる学校」をつくる必要はなくなり、邪魔な子なんてまず出てきません。

尾木　映画を拝見して、木村先生をはじめ大空小学校の先生方が、子どもたちのことをよく見ているなあと感じました。見ているだけではなく、子どもたちの意見をよく聴いていましたね。そして、みんなが校長室にも自由に出入りしていたのには驚きました。

木村　校長室はみんなの部屋です。校長室だけではなく職員室もフルオープンでした。それは子どもたちだけにではなく、地域の方に対しても同じです。職員室では、教職員同士がたくさん対話をしていました。私たちは雑談と呼んでいましたけど。

例えば、子どもがモノを壊した際ここぞとばかりに「そうやって暴れるから壊れるんでしょ！」と子どもを叱る先生がいたら、「なあなあ、これ壊れて買いなおすの、自分のお給料から出すん？」と聞くのです。そうするとエッ？という表情をするのですが、「税金やろ？自分の懐《ふところ》は痛まんやろ？子どもが失敗したときは一言、「だいじょうぶ？」という言葉をかければそれでいいんちゃうん？」という具合に。

毎日がそんな空気でしたし、そういう大人たちが失敗してやり直しをする姿を子どもたちにも隠さず見せてきました。

尾木　僕もいつも講演で、子どもが失敗した時にかける言葉は「だいじょうぶ」ですよ、と話しています。たいして根拠がなくても、自分の失敗に先生や大人が「だいじょうぶ」と言って寄り添ってくれると、なんだか安心して、心の底から不思議とパワーがわいてくるんです。エンパワーメントと呼ばれる効果ですね。そして、子どもたちは、本当に失敗を乗り越えていくんですよ。空気とおっしゃいましたけど、本当にどうやって「みんなの学校」をつくってこられたのか。そこがとても気になっています。

木村　「学校があるから学校に行く」。これは従前の考え方です。地域の学校は地域住民のものです。そして、学校はそこにあるものではなくて、つくるものです。

では誰がつくるのか。「みんながつくる　みんなの学校」を合言葉に、「自分」がつくるのです。学びの主体である子どもが、自分が学ぶ学校を自らつくる。保護者が、自分の子どもが学ぶ学校を自らつくる。地域住民が、地域の宝が学ぶ学校を自らつくる。教職員が、自分が働く学校を自らつくる。「みんな」という言葉は、一人ひとりの「自分」がそこに存在していることで成り立ちます。だから人任せになんてしません。

昨今、日本でも相対的貧困の状況にある家庭が増えるとともに、ネグレクトや虐待など、本当に様々な事情を抱えた子どもたちがいるのが地域の学校です。そこに生きるすべての子どもたちが安心して学ぶ居場所をつくろうと思った時、過去の価値観を持って画一的な対応で子どもの前に立っていたら、例えば三日間なら水でなんとか空腹を我慢できたけど、四日目にはコンビニでおにぎりを万引きしてしまい、「どうしよう」と言いにきた子どもに、言葉をかけられますか？

学校が地域社会で空気のような存在になれば、子どもたちは六年間の小学校の生活で、一〇年後の社会で生きて働く力を自ずと獲得することができます。

そのために教師がすることはただ一つ、目の前の子どもから学べばいいのです。教師が学ぶ姿勢を子どもに伝えることができたら、子どもも「学びって楽しいね」と実感します。

第2章　正解のない問いを問い続ける大切さ

義務教育は子どもたちが自分らしく生きるためにある

尾木　木村先生から、小学校六年間で子どもたちは社会で生きて働くための力を獲得するという話が出てきましたが、小学校では二〇一八年四月から、「特別の教科 道徳」がいよいよスタートしました（中学校は二〇一九年四月から）。道徳が国語や算数などと同様に、教科として位置づけられることになったのです。検定教科書がつくられ、評価が付けられることになります（詳しくは第3章でもお話しします）。木村先生とこの道徳について考えてみたいと思います。

これまでも「道徳の時間」として主に公立の学校では道徳の授業が行われてきたのですが、その時はまだ工夫次第で、子どもたちが考え、議論する時間として、有意義な授業実践を行うこともできました。ただ道徳が教科化されたいま、現場からは実践がものすごくやりにくくなっているという声を耳にします。その理由は後ほど説明しますが、その前にぜひ木村先生の道徳の授業実践を伺いたいと思います。

木村　私は教員生活最後の三年間に、ようやく納得のいく道徳の授業ができたと思っています。そして、その生みの親は、重度の知的障害と診断されたひとりの男の子でした。少し長くなりますが、大切なことなので説明させてください。

ある六月の蒸し暑い日に、体育館で全校児童の前に立って校長講話をしたことがありました。もともと校長然とした講話なんてつまらないと思っていた私ですから、普段は全校集会でも「なあなあ、みんな何か困ったことある?」「自分の学校、ちゃんと自分でつくってる?」なんて言いながら、子どもたちと対話をしていたのですが、その日はどうしても子どもたちに伝えたいことがあり、勇んで全校集会に臨みました。

その前の週、駅のホームでお年寄りが倒れるという場面に遭遇しました。私と同僚だけが大声を上げて駅員さんを呼びに行ったり、その方に声をかけたりしている側で、無関心にスマホを触っている学生たちがいました。その姿を見て勝手に憤慨し、「自分のじいちゃんだったら動くやろ! 他人やからって動かないのはどういうことや!」と心の中で怒りの声を上げ、「次の全校集会で、絶対にこのことを子どもたちに言わなければ」と同僚と顔を見合わせ、興奮して家路についたのです。

月曜日の朝、「今日はとても大事な話をします」とかしこまって宣言して、子どもたちが姿勢を正して聞いているのを確認したうえで、前日の出来事を二〇分にわたって子どもたちに話しました。その時、ひとりの子どもが突然、「校長先生、お話し終わり!」と言葉を発したのです。「え?」と不意を突かれた私をよそに、周りの子どもたちは、「よくぞ言ってくれた」という安堵《あんど》の雰囲気を見せ始めたことに気づいたのですが、私は「もうちょっとな」と話を続けようとしたのです。

ところが、一度切れた緊張の糸はなかなか元には戻りません。体育館がざわめく中、周りの教職員も「もうやめとき」という合図を私に送ってきたのです。どうやってこの場を収拾したらいいかわからない私は、吉本の喜劇ばりに「よし、今日のところはこれぐらいにしとったろか！」と引き下がったのです。

この後、すぐに全教職員でミーティングをしました。この校長の失敗から何を学ぶべきかという「やり直し」です。私は、「あんな若者になってはダメ。人が倒れたら何をおいても走って助けに行きなさい」という正解を自分の中に持って子どもたちの前に立っていました。でも、教師が正解を持って臨むという姿勢こそが、悪しき道徳の授業だと気づかされたのです。

その際、教職員全員で再確認したのが「多様な子どもたち一人ひとりが幸せになるための正解はどこにもない」ということでした。そして「正解のない問いを問い続ける力」こそが、子どもたちが一〇年後の社会で生きて働く力になるという結論に達したのです。義務教育の六年間を通してこの力を身に付けることが大切だと、子どもたちが教えてくれたのです。そして、それこそが道徳の授業ではないかという考えに至りました。

尾木　具体的に義務教育である小学校六年間で、人と人とのつながりの中で身に付けるものとして、木村先生は何が大切だと思われていますか。

木村　大空小学校では、六年生がリーダー、五年生がサブリーダーです。そして、リーダーになるためには三つの条件があります。この条件は、自分が学校をつくるために必要となる条件でもあるため、毎年六年生が卒業前に五年生に引き継ぎます。

一つ目の条件は「**先生に頼らない**」。はじめから先生に頼るのではなく、まずは自分が考えて行動します。

二つ目の条件は「**嫌なしんどい仕事は自分がする**」。学校においてはとかくリーダーである校長が嫌なしんどい仕事を人に任せていては誰も信用しません。リーダーの行動を見て子ども同士はつながります。

三つ目の条件は「**文句を意見に変える力を付ける**」です。文句は何も変える力を持ちません。意見には主体性があり、未来につながります。

この三つの条件は、子どもたちが「これらを自分なりにやったら、きっと幸せになれるよね」と体験することが大切で、大人に評価されるものではありません。すべての評価基準は自分の中にしかありません。その評価基準は、私たち大人が失敗し、それをやり直していく姿です。「先生たちはできてあたりまえ。だからみんな頑張りなさい」という姿勢ではなく、「アカン、できへんかった。先生やり直します」と、みんなの前でやり直す大人、つまり、時には頼りない大人のありのままの姿を見ることで子どもたちは自分で、「あ、これ大事なんや」と気づくことができるのです。

例えば「先生に頼らない」は、学校現場に置き換えてみたら、「教育委員会に頼らない」ということです。そして教育委員会の人にとっては、「文部科学省に頼らない」ということになります。さらに文部科学省の人は「国会議員に頼らない」と考えれば、これらのリーダーの条件は社会に出てから必ず役に立つものだと思います。そのことを子どもたちは何も言われなくても肌で感じ取って卒業していくのです。

私たちは校則の代わりに「**自分がされていやなことは人にしない。言わない**」というたった一つの約束だけを大切にしていこうと決めていました。四年生、五年生の時には「こんな約束誰がつくったん！」と文句を言って暴れていた子どもが、卒業式にはボロボロ泣きながら、「五年生のみんな、たった一つの約束だけは大事にしてくれ」と言って卒業していきます。このように子どもたちは六年間を通して失敗体験を成功体験に変えるのです。

「全校道徳」という実践から学ぶ道徳の意義

尾木　道徳教育の目的を、文部科学省は「児童生徒が人間としての在り方を自覚し、人生をよりよく生きるために、その基盤となる道徳性を育成しようとするものです」と明記しています。木村先生がおっしゃる通り、真の道徳教育の目的は、子どもたちの幸せにつながるものでなければなりません。

木村　その通りです。そこで私たちは、みんなで正解のない問いを問い続ける「全校道徳」をスタートしました。毎週月曜日の朝、突然出されたテーマについて大人も子どもも対等に学び合う授業です。

例えば、「人権ってなに?」というテーマが出される。子どもも大人も「人権」という言葉を使わずに人権を語るのです。とくに大人は「人権」という言葉だけでわかったつもりになり自分の考えを持とうとしないですよね。子どもはそれぞれに自分から自分らしく自分の言葉で「人権」を語ります。大人が学ぶことが多い時間です。

尾木　クラスではなく全校、しかも先生も地域の人も巻き込んでというのが素晴らしいですね。木村先生が担当していたのですか?

木村　そうです。校長であった私がひとりの大人として子どもたちの前に立っていたのですが、校長講話と違うのは私も正解を持っていないということです。だから正解を教えようがないのです。

人権がテーマであれば、私はホワイトボードに「人権って?」と漢字で一言書きます。そして、「読んでみて」と言うと、子どもたちは各々バラバラに声を上げて読みます。次に「なあなあ、漢字やから、一年生の子もわかるように読んでみて」と言うと今度は、子どもたちは自然にゆっくり声をそろえて読みます。これは、一年生に聞かせようという目的がそこにあるからです。まさに子どもたちが主体的に目的を考えて行動しているのです。

ところが始めから、先生が「大きな声で、声をそろえて読みましょう」と指示してしまえば、これは正解を教えているに過ぎません。それではいくら経っても子どもたちの自主性や考える力は育ちません。

また、対話のグループをつくる際も偶発性を大事にしています。グループには一年生から六年生までがひとりずつ入ります。迷子になっている子どもがいれば、他の子どもが「ここに入りや」と言って勝手に入れます。

対話をする際は、テーマについてその瞬間に思っている自分の考えを、自分から自分らしく自分の言葉で語ります。そのためわからなければ「わからん」、これが自分の言葉です。それをグループのみんなが伝え合った後、リーダーである六年生の仕事が始まります。それぞれのグループのリーダーが「自分たちのグループからはこんな考えが出ました」と全員にシェアします。

その際もすべてのグループが順番にとか、必ず発表しなければならないという縛りはどこにもありません。人間だから言いたくない日だってあるのが当然です。みんなの前でとても発言なんてできないというリーダーだっているのです。

そのため「もうみんな発表した?」なんて一切聞きません。「見せる学校」をつくっているわけではありませんから。「もういい?」と言うだけです。子どもの後は大人が発表します。大人は大人で、地域住民、保護者、その日の外部の来校者、教職員と、グループをつくっていました。

実は、全校道徳を始めた当初は、子どものグループに大人が勝手に混じって参加していたのですが、ある時子どもから「提案があります。大人が邪魔です」と意見がありました。「えっ?何が邪魔なの?邪魔という言葉を使わず邪魔を説明して」と聞いてみると、どうやら子ども同士は、何も言えないなら聞いているだけでいいと考えているのに、大人が無理に発言させようとすることに違和感を持ったようです。「黙って聞いているだけでも十分学びになるのに、無理に発言させようとして、月曜日が嫌で学校に来なくなったらどうするの。大人は大人だけのグループをつくってほしい」。これが子どもたちの考えであり、意見でした。それを聞いた大人たちは子どもたちから学び、大人だけのグループをつくるようにしました。

もともと正解なんてない授業ですから、先生や地域の方も子どもたちと同じように、突然出されたテーマをフラットな姿勢で考えます。そのため、子どもたちからの共有が終わった後、「では、大人のグループの方どうぞ」と言うと、大人も黙ったままということがよくありました。「パスですか?」「いえ、言います」と、こんなやりとりをしながらのスタートでした。

しかし、こういう大人の姿を見ている時の子どもたちの学習に向かう意欲はものすごいです。「大人たち、頑張って!」とエールを送るのですが、そんな時子どもたちの自尊感情はとても高まります。そして、大人は大人でみんなの前で言えと言われてもなかなか言えない自分に気づき始めるのです。そうやって子どもの気持ちが少しずつわかるようになるのです。

尾木　子どもたちや大人たちからの意見について、木村先生は何かアドバイスしたりするのですか?

木村　とんでもありません。ホワイトボードに担当の先生が書いていくだけで、意見をまとめるとか、評価することなど一切しません。ただみんなの意見を眺めるだけです。

子どもと大人の意見の違いが最もリアルに出たのは、人権をテーマにした回でした。子どもたちのグループからは、「人権って空気みたい」という言葉が複数出たのに対して、大人たちのグループからは、「人として大切」とか「平等」など、「平等という言葉を、平等という言葉を使わずに説明してみて」と言いたくなるような模範的な言葉だけが並びました。

そして、子どもたちの意見を見た大人が「どうして空気なん？」と質問したところ、子どもたちからは「えー、だって空気なかったら人間死ぬでー」という答えが返ってきたのです。これこそが、私たち大人がひっくり返っても自分たちでは学べない、子どもからの学びです。私にとって道徳の授業は、本当にたくさんの失敗を繰り返して、そのたびにやり直してきた先にあったもので、問い続けていくものです。

尾木　こうしてお話をお聞きしていると、「みんなの学校」の実践は、自分で考える大切さを教えるための市民教育として、ヨーロッパですでに行われていることと共通点がすごく多いという印象を受けます。学校で一番大切にされるべきなのは人権です。そこから憲法を学ぶということも絶対的に必要なことです。

さらに、これからもっとやらなければならないことは、子どもの権利条約から多くの人が学ぶことです。子どもの権利条約はご承知の通り、子どもの最善の利益を目指し、子どもの意見表明を尊重したり、自由の権利を認める必要性を定めていますが、いま子どもたちにとって社会で必要なことは何かといったことを、大人も子どもと一緒に学んでいけば、全校道徳のような素晴らしい実践的な道徳教育が全国の学校でできると思います。

木村　子どもたち一人ひとりの尊厳を尊重すること。これこそが道徳の根幹です。これなくしては道徳教育などできっこありません。これは憲法で定められていることです。すべての人の尊厳を大切にする。当然のことですよね。もう一つ、学校のリーダーに求められる最たるものがこの人権意識ではないでしょうか。

第3章　道徳の教科化が子どもたちから奪うもの

「特別の教科　道徳」で何が変わるのか

尾木　これまでの「道徳の時間」と、二〇一八年度から小学校、二〇一九年度から中学校で始まる「特別の教科　道徳」はどのような違いがあるのか。これがこれからの道徳教育を考えるうえで大事なポイントとなります。それは、評価が始まったということです。簡単に言えば、子どもたち一人ひとりに国語や算数と同様、道徳の授業に対する成績を付けなければならなくなったということです。

これまで、人の内面を評価することなどできないという理由がブレーキとなって、道徳が学校の教科になることはありませんでした。当然でしょう。価値観なんて多様なわけですし、これが絶対正しいという正解などどこにもありません。しかし、いじめ問題がいよいよ深刻化する中、「いじめをなくす」という名目で、道徳が教科化されたのです。

成績を付けなければならないとなると、その子がどう変わったのかを見ることになります。道徳の授業で何かを教えたとしたら、実際に子どもたち一人ひとりの日常生活において、それがどう定着したかを見なければならないわけですが、ひとりの先生が、三〇〜四〇人のクラス全員の子どもの変化を見るなんてとてもできません。

そこでいま、どうやって成績を付けているかというと、一例ですが、評価シートのようなものが用意されていて、子どもたちが、自分がこの授業を受ける前と受けた後で、どう変化したかをそこに記録していきます。一学期に一〇回授業をやったとしたら、一〇枚のシートを数値化して、この子はよくできるようになった、という具合に評価しようとするのです。しかし、道徳は他の教科のように数値をそのまま評価として出すわけではないため、その数値をパソコンに入力すると、評価の例文が機械的に表示されるソフトなどもあり、評価そのものが機械化されてしまっているのです。これでは、先生たちの実践が生き生きしてこなくなるのは容易に想像できますよね。

木村　先ほど紹介した全校道徳では、それこそ地域のじいちゃんの「わしはこう思うねん！」という言葉も含め、周りのみんなの考えを身体中で感じます。覚える必要などありませんから鉛筆一本持っていません。そして、そのまま教室に帰ったら、そこからは自分と向き合う時間です。その日みんなで考えたテーマについて、日付と名前と今日のテーマ、自分の考え、周りの人の考え、そして、「最初はこう思っていたけど、あの人の話を聞いたら、こうなのかなと思うようになった」というように、全校道徳後の自分の考えを学習シートに自分の言葉で書いていきます。

この学習シートをはじめ、子どもたちが毎日帰る前に書く「さよならメッセージ」など子どもの生《なま》の言葉は、私たちが評価できるものではありません。たとえ誤字があっても赤を入れるようなことはしません。誤字は国語の時間に気づかせればいいのです。評価の対象にならないからこそ子どもたちは「あの先生が今日授業で言ったことはやっぱりおかしいと思う」といったように、本音を書けるのです。そして、そこから本当の子どもの姿を知ることができるのです。ですから私たち大人は子どもたちの言葉から真摯《しんし》に学びます。真摯に学んでいる大人の姿を見ると、子どもたちはより安心して本音を口にできるようになります。その本音こそが、子どもたちの考えであり、いま持っている力なのです。

この全校道徳の学習シートは毎時間全部コピーして、テーマごとにファイリングし、校長室に保管してきました。私たち教職員は学校全体の子どものファイルも見ながら、自分たちは子どもにどれだけ学べているかを常に確認していました。子どもたちの本音の言葉はまさに私たちの学びだったのです。

こうした道徳の実践を行ってきて、いま道徳の評価について私の考えを言うとすれば、子どもに「自分の考えをどうぞ」と言って、一学期間に道徳の授業を受けて自分が思うところを自分の言葉で書いてもらえばいいのではないでしょうか。それを先生が読ませてもらって、その子に対する評価ではなく、その子の考えから先生自身が学んだことを追記すればいい。これが道徳の評価だと思います。

人が幸せになるために学んでいることを、他人が評価できますか？　できるはずがありません。であればまずは、どうやって道徳の評価をするかを考える以前に、教員が「できない」というところにいったん全員が立ってみることがスタートだと思うのです。

道徳とは人と人の関係をつなぐもの

尾木　これからの道徳教育について考えるうえで、そもそも道徳とは何なのかを考える必要があると思うのですが、哲学者である和辻哲郎さんは「道徳とは人間《じんかん》」だという意味のことをおっしゃっています。人と人の間。つまり人と人との関係性であると僕は理解しています。そう考えると、子ども同士や先生と子どもの関係をつないでいくものが道徳であると言えます。

木村　道徳が何かを定義するのは難しいですが、少なくとも授業や教科書で、「これが大事です」と大人が子どもたちに一方的に教えられるものではないと思っています。これまで尾木ママと、「あたりまえ」や「見せる学校」が人と人の関係を断ち切るという弊害を確認してきましたが、人と人との関係性が道徳であれば、「おはよう」から「さようなら」まで、学校生活のすべてが道徳の授業でなければなりません。学校で最も大切なのは人と人の関係です。子ども同士、子どもと教職員、教職員同士、教職員と保護者や地域住民、学校と地域社会といったように様々な関係性が生まれます。私はこうした関係性をつないでいくことが学校のリーダーである校長の役割だとずっと説明してきました。

もっと言えば、子どもたちにとって大切なのは、道徳の授業はもちろん、学校生活すべてを通して、大空小学校で大切だと確認し合った「**自分の考えを持つ力**」「**自分を表現する力**」「**人を大切にする力**」「**チャレンジする力**」の四つの力を身に付けることだと考えていました。「道徳の時間に先生に言われたからやらなければならない」ではなく、納得して自分で行動することが目的なのです。そう考えれば道徳は手段ということになります。

尾木　「あいさつ運動」が先生と子どもの関係を断ち切るという例を示しましたが、二〇一九年度からは中学校でも教科化される道徳の授業は、木村先生がおっしゃるような様々な関係性を壊すばかりか、子どもたちの自分自身の内面と本当の自分との関係性まで壊していく危険性を孕んでいます。そのため、僕は教科化が始まる前から道徳教育について関心を持って研究してきました。

以前、「道徳教育研究」という講義を法政大学で担当していた時のことです。一六〇人くらいが出席する教室で、こんな質問をしてみました。「この中で、道徳の授業を受けたことがないという人は手を挙げてください」。すると、約半数の学生が挙手しました。どういうことかと言えば、私立の学校は道徳の授業を行わないケースがあるため、挙手した学生は私立校の出身だったということです。

続いて「道徳の授業を受けたことがないという人がいま周りにたくさん座っています。その人たちの顔を見てください。どう? みんなから見て不道徳な雰囲気に見える人はいますか?」と問いかけてみました。すると、誰もいない、と首を横に振る学生ばかりでした。それであれば、道徳の授業を行う目的とはどこにあるのだろうか。僕は学生のみなさんに対して、「何のために道徳の授業を行うのかという問題意識を持って、これから一年間講義を受講してください」と宣言して講義を行っていました。

道徳が教科化されて国が認めた検定教科書が用いられるようになりましたが、ある出版社の小学二年生の教科書には、正しいとされるあいさつの仕方が紹介されています。三つの方法を例示し、そこから正解を選ばせるのですが、①「おはようございます」と言いながら、おじぎをする。

れいぎ正しい　あいさつ
スキル
◆つぎの　うち、れいぎ正しい　あいさつは　どの
あいさつでしょうか。
1　「おはよう
ございます。」と
いいながら
おじぎを　する。
2　「おはよう
ございます。」と
いった　あとで
おじぎを　する。
3　おじぎの　あと
「おはよう
ございます。」と
いう。
『小学道徳』(2年生，教育出版)

②「おはようございます」と言った後で、おじぎをする。③おじぎの後で「おはようございます」と言う。これが現実の教科書に載っているのです。正解は②です。「語先後礼《ごせんごれい》」と言いまして、「言葉が先で、おじぎが後」が正しいあいさつとされています。これは、日本古来の礼儀作法の一つとして誤りではありません。ですから、知的に日本の歴

史や文化として学ぶのであれば何の問題もありません。ただ、これを日常的なあいさつとして、子どもたちに教えるのはやはりおかしいと思います。言葉をかわさず微笑《ほほえ》むだけのあいさつもあるし、ハグすることだってありますよね。あいさつとは多種多様で、人と人とのコミュニケーションであるわけです。

木村　この道徳の教科書によれば、「おはようございます」と言いながら頭を下げたらバツと言われるわけですよね。そのことに対して子どもたちが疑問に思って質問しても、「正解は②と教科書に書いてあるから」という説明に先生が終始してしまう。本当は子どもたちがそこで「何かおかしいな」と思う気持ちは、文句ではなく意見だから、大事にしてほしいと思うんです。ところが、子どもたち全員に教科書に書いてあることを理解させて、行動に移せる子どもをつくろう、このことが道徳教育の目的になってしまうのは大変危険です。

尾木　道徳の授業で子どもたちを評価するために、道徳で習ったことを理解するだけではなく、行動に移すことまで子どもたちに求められるようになり、こんな苦情を実際に耳にしました。「小学五年生のうちの娘に、道徳教育が始まってから、「嘘をつかなくてはならないから自分が嫌いになった」と言われたのです」。

どういうことかと言えば、先ほどのあいさつを例に説明すると、道徳の授業で語先後礼というルールを教えられたから、先生には「おはようございます」と言ってから礼をしなければならない。そんなこと友達同士では絶対にしないのに、そんなわざとらしいことを繰り返していたら自己嫌悪になるのは当然でしょう。それに、友達からも「あいつ、先生の前ではいい子ぶって」と思われ、お互いの人間関係も壊れてしまうのです。これでは自己肯定感など高まるはずがありません。これが、道徳の教科化が人と人との関係を壊していくという一例です。

木村　そんな道徳を学校の現場の先生が教えるわけです。これを教えられる先生は果たしているのでしょうか。いまの日本の教育現場では、おかしなことが目に見えない圧力としてたくさん押しつけられているように感じています。「これは間違っています。おかしいと思います」とどれだけ声を上げても、いまの日本社会にはそうした声を拾って「じゃあ変えましょう」という空気はありません。その理由は何かと言えば、子どもの教育が軽視されているからに他なりません。こういうお話をすると「そんなこと言っていいの？」と思われるかもしれませんが、きちんと意見として声を上げていくことが大切です。

様々な問題を扱う際、文句ではなく意見として、対話をしていかなければならないと思うんです。先ほども説明しましたが、文句はその人の主体性もなければ未来にもつながりません。落書きと一緒です。しかし、意見はどんなに耳に痛い意見でも、主体性があります。意見と意見は時に対立しますが、そこに主体性があって良いものを一緒につくろうという目的があれば、必ず接点が見つかります。文句は問題提起のモチベーションにはなりますが、そのままでは世の中を何一つ変えません。

道徳の教科書の何が問題なのか

尾木　道徳の教科化については、これまで具体例をあげて説明してきた通り、評価することによる弊害が問題視されていますが、検定教科書がつくられたことで、その内容も問題視されています。先ほど語先後礼について取り上げましたが、他にもどのような内容なのかということを、実際に掲載されている事例をあげてご紹介します。

まず「星野君の二塁打」という有名なお話があります。これは小学校の教科書で採用されています。簡単に説明しますと、星野君というのはピッチャーで、三番バッターという設定です。少年野球の試合で、九回裏同点という状況の中、一塁にランナーが出て、チームにチャンスが巡ってきます。そして星野君に打順が回ってきたところで、監督が星野君を呼んで、送りバントを命じます。確実に一点を取るために一塁のランナーを得点圏の二塁までまずは送ろうというのが監督の考えでした。星野君はわかりましたと了解してバッターボックスに立ちます。

一塁のランナーは盗塁でもしようかという勢いで、二塁をうかがっている様子。それを見た星野君にもスイッチが入って、やる気満々。監督には送りバントを命じられていましたが、そこで自分が得意なコースに球が来た。星野君は「打てる！　きっと打てる！」と、思いっ切りバットを振りました。そしたらなんと二塁打を打ったのです。こうして星野君の活躍はチームを勝利へと導きました。

ところが、監督はチームのヒーローとなった星野君を呼び、監督の命令を無視したという理由で、罰として次の大会には出場させないという措置をとった。こんなお話です。

学習指導要領では、道徳的な価値を「自分自身に関すること」「人との関わりに関すること」「集団や社会との関わりに関すること」「生命や自然、崇高なものとの関わりに関すること」という四つの項目に分類しており、この「星野君の二塁打」は、三つ目の「集団や社会との関わりに関すること」に分類されている「規則の尊重」という内容項目に該当します。つまり、ルールは守りなさいということなのです。

星野君は監督との約束を破り、ヒットを打ってしまったので、結果はどうであれ間違った行いをした子というレッテルが貼られているのです。この状況での星野君の行動自体に、本当は様々な意見があるはずなのに、ルールを守ることが教える項目に分類されていること自体、「監督の言ったことは必ず守らなきゃ駄目」と言っているようなもので、先生もそのように教えます。

他にも小学校一年生の教科書に、「かぼちゃのつる」というお話があります。かぼちゃのつるが畑から勢いよくはみ出して、隣の畑や道路に伸びていったりするのですが、そうすると、通りがかった犬に「こまる」と言われたり、トラックに轢《ひ》かれて切れてしまったりして、かぼちゃが泣いてしまうという内容です。

この話は学習指導要領の「自分自身に関すること」に分類されている「節度、節制」という内容項目に該当しており、「健康や安全に気を付け、物や金銭を大切にし、身の回りを整え、わがままをしないで、規則正しい生活をすること」を教えるという狙いがあります。つまり、わがまってているのです。

まを言って伸び放題にしていると、こうやって踏んづけられて切れちゃうんだよということを言っているのです。

こうした話に触れて、実際の子どもたちからは「伸びてきたら道路からよけてあげればいいのに」とか「踏まないように注意すればいい」という意見が出て、これは極めてまっとうな反応だと思うのですが、そうした意見を交わすことが目的ではなく、「わがままをしていると、こうして痛い目に遭《あ》うよ」という価値を教えることが目的になっているように思うのです。こうした教科書があることで、たくさんの先生が動揺し、授業実践に悩みを抱えているのです。

ご紹介した通り、一つの話を通して一つの価値を教える形になっていることがほとんどなのですが、こうした一つひとつの価値を議論するのであれば意味があると思いますが、一方的に正しいとされる価値を教えて、それを理解し改善・実行の努力をしているかどうかを教師が評価して成績を付けることに無理があるのではないでしょうか。

木村　ご紹介いただいた「星野君の二塁打」に関してですが、教科書の中の話ではなく、現実の社会の中で私たちが自分事として考えなければならない出来事が起こりました。大学のアメフト部のコーチと監督が、相手のプレイヤーに怪我を負わせるような反則行為を、自分のチームの選手に指示したとされた事件です。一方で、教科書のストーリーでは、星野君はチームには貢献したけれど、監督の命令を破ったという理由で罰を受けます。この二つの話がいま私たちの目の前にあるわけですから、工夫することで、教科書を使いながら実践的な道徳の授業ができると思います。

例えば、まず教科書を読みます。単に一つのストーリーとして読めばいいのです。それを聞いている子どもたちは、様々な立場にあります。少年野球チームに入っている子どももいれば、常に大人の顔色をうかがってビクビクしている子どもだっています。教室の子どもたちは一人ひとりが透明のリュックを背負って、様々な事情を抱えているという前提にまずは教師が立つことが大切です。

そして、子どもたちは、この物語から何を感じ、どのような考えを持ったかを、自分の言葉で表現するのです。正解がないからこそ、自分とは違う考えを持つ友達が隣にいることを知る。それだけで大きな学びがそこに生まれると思いませんか？　このように教科書を使えば、教科書のストーリー自体が問題になることはありません。

ところが、尾木ママがおっしゃったように、教科書を正解として与えるのは問題があります。というのは、教科書には「学習の道すじ」などといったコーナーがあり、それぞれの話を通して押さえるべきポイントが示されているのです。そのうえで「誰もがきまりを守らず、義務を果たさなかったら、どんな世の中になるのでしょう」というまとめが書いてある。ここが問題なのです。

教科書を使って子どもたちに何を考えさせたいかは、先生方それぞれが自由にご自身の考えを出してみたらいいと思います。私が「星野君の二塁打」を使って道徳の授業をするのであれば、おそらくこんな問いかけを子どもたちにすると思うのです。

「星野君はチームを困らそうと思ってやったのか、それともチームのみんなのために良かれと思ってやったのか、星野君はどっちやったんやろう」

このように問うと、「星野君は自分のチームを困らそうと思ってやったんちゃうよな」と考える子どもも必ずいます。星野君は監督に「お前はルールを守っていない。だから出場停止だ。ルールを守らなければどんな世の中になるんだ」と、指導されていますが、子どもたちの前でこの教科書を使うのであれば、少なくとも星野君の周りのチームメイトが、「でも、星野は俺らのためにやったんだよな」と考えるであろう視点もあることを、教師自らが忘れてはいけないと思います。

尾木　教科書全体の問題に付け加えると、例えば「星野君の二塁打」の原作は、終戦直後の一九四七年に雑誌『少年』に掲載された、吉田甲子太郎《きねたろう》という児童文学者の素敵な作品なのです。日本の教育がそれまでの軍国主義から民主主義に切り替わろうという時期に、「みんなで決めたことはみんなで守りましょう」と、これからの民主主義の原理原則を教えようという意図で書かれた作品と考えられます。試合中のことは、監督の指示に従おうとみんなで合意して決めた。にもかかわらず星野君はそれを破ってしまった。それは民主主義に反するよ、ということを伝えるものだったのに、教科書では監督の一方的な指示が強調されているのです。

また、原作では監督が「星野君、異存はあるまいな」と星野君の意見も聞き、それに対して星野君が「異存はありません」と答えている場面があるのに、教科書では削られ、星野君が怒られて落ち込んでいる姿で終わっており、原作が都合よく書き換えられてしまっています。

他にも、時代背景も現代の日本とは大きく異なっている物語を「編集部編」として改めてつくり直し、決められた価値観をあてはめるため無理やり教科書に採用しているのです。こうした教科書のつくり方自体にも問題が見えてきます。

第4章「みんなの学校」から「みんなの社会」へ

道徳の教科化によって、いじめはなくなるのか

尾木　そもそも道徳の教科化は「いじめをなくす」という大義をぶら下げることで、半ば強引に決定されました。では、本当に道徳の授業でいじめは減るのかということについて考えてみたいと思います。

　まず、いじめは何が原因で起こるのかといえば、これはいろいろな分析が行われているのですが、子どもたちのイラつきやストレスだと言われています。『みんなの学校』のように、校長先生にさえも安心して自分の意見を言えてしまうような学校の空気の中であれば、子どもたちはあまりストレスをためずに済みそうです。でも多くの学校では、子どもたちはいろいろと我慢を強《し》いられています。そんな中で、これまでご紹介したように、問題を多く抱える道徳の授業をそのまま行ってしまったら、言いたいことはもちろん、違和感すらも表明できず、子どもたちにとって大きなストレスになりかねません。

　また、道徳の授業自体が子どもをいじめていることになるのではないかと心配になります。みんなで話し合った価値ではなく、国家が決めた価値基準を、検定教科書を使って教え込む。そこ

に子どもの人権や個の尊重などあるでしょうか？　多様性が大切と言われる時代、これでは国際社会で笑いものです。日本はいったい何をやっているのかと。

以前、あるドキュメンタリー番組に出演した時の話です。東京都杉並区のある小学校の道徳の授業の様子を取材して放送したのですが、そのＶＴＲを見て僕はとても衝撃を受けました。

その授業では、一〇〇年ぐらい前のアメリカのお話である「お母さんのせいきゅう書」を題材にして子どもたちが話し合っていました。

話の内容は、ある男の子が、お母さんのお手伝いをするのですが、「お使い代」「お掃除代」「お留守番代」として五〇〇円を請求するのです。お母さんもその男の子に請求書を渡したのですがそこには、「病気をしたときの看病代」「洋服や靴」そして「おもちゃ代」などいずれも〇円と書かれており、それを見た男の子が涙するというものです。

授業の中で、先生が「お母さんは、どんな気持ちで請求書を渡した？」と問いかけると、「お金なんていらない」という意見が大半を占める中、ある男の子が、「子どもっていいな。えらいことするとお金がもらえるから」と発言をしたのです。そうしたら、周りの子どもたちがざわつき始め、笑い声も起こり、その子は泣き出してしまいました。

木村先生もおっしゃいましたが、こういう場合、「そういう考え方もあるよね」と多様な子どもたちの意見をみんなで共有することが大事なのです。家事にしてみても、お母さんが全部やってくれる家庭ばかりではありません。「うちはお父さんがやってくれるよ」という意見もあるはずなのです。

そして、これは僕の直感ですが、あの子はこれから決して授業で発言しないのではないかと思うのです。思ったことを自由に発言したことで嫌な思いをし、傷ついたからです。こうした道徳の授業では、子どもと子どもの関係をぎくしゃくさせると同時に、やり方次第では子どもたちの間にストレスが蔓延《まんえん》し、かえっていじめを助長してしまうのではないかと懸念しています。

木村　尾木ママが指摘してくださった通り、現実にいま、まだまだ未成熟の子どもたちに決まった価値観を押しつける道徳が下りてきているのです。私たち大人はある程度の失敗や経験値があって、口では「はい」と言いながら「おかしいよな」と思う術《すべ》を持っていますが、子どもはそうではありません。子どもたちがこうした多様な経験値を獲得するのが義務教育なのです。

だからこそ、「星野君は悪くないと思うけど、ルールは守らなければなりません。でなければ、どんな世の中になるでしょうか」などと大人が一方的に教えて、はたして何人の子どもが「先生、その教えおかしいですよ」と自分の考えを言えるでしょうか。先生の顔色をうかがいながらグッと自分の考えを言うのを堪《こら》えるのです。子どもは強くて弱いものです。こんなふうに教師の力が働くところに学びの本質は生まれません。そのことを一人ひとりの大人が理解するだけではなく、やはり声にしていかなければいけないと思うのです。

文句を意見に変える力が社会を変える

尾木　最後に、このようにいま、学校現場で起こっている急激な変化にどう対応していけばいいのか木村先生と考えてみたいと思います。

先生方の苦悩や、子どもや親の動揺などをキャッチしながら、僕は「特別の教科　道徳」について、つまり道徳を教科として教えていくことについて、極端に言えば「やっぱり基本はやめさせるべきだ」と思っていますが、せめて「こういうふうにやっていくことが重要じゃないか」といった議論を急いでしなければなりません。このまま放っておけば次の学習指導要領の改訂まで続きますから。おかしな国になりますよ。僕はものすごい危機感を抱いています。

木村先生が紹介してくださった「全校道徳」は子どもたちだけではなく、先生や保護者、地域の人がいっしょに参加しているところが素晴らしいと思うのですが、まさに僕が提案しているのは、保護者の方にも、子どもといっしょに道徳の教科書をしっかりと読んでほしいということなんです。

そのうえで、「今日の道徳はどんなことをやったの?」「そうなんだ、学校ではそんなふうに習ったんだ」「実際、うちではどうだろうね?」と家族で会話をすることが大切だと強調してきました。「お母さんはかぼちゃのつる、のびのびと育っていていいと思うな」「踏まないようにちょっと横によけてあげたらいいのにね」と様々な見方を示すとともに、お子さんの意見にも「あなたの考え、いいんじゃない」とフォローしてほしいのです。先生によっては、紋切り型で教える教室もありますから。それに、道徳の授業に保護者も参観し、参加するのが理想ですよね。

そして、『みんなの学校』のように、すべての家庭がそうした環境にあるわけではありませんから、やはり地域社会全体が子どもを包み込んで、いろんな関わりの中で、道徳の教科書などなくても、本当に大切なことをたくさん伝えられますよね。そういった温かい地域社会をまずはつくっていかなければなりませんね。

木村　そうした地域社会をつくるためには、子どもたちのリーダーの条件の中にもある「文句を意見に変える力」を一人ひとりの大人が持つことが必要です。これができればきっと地域社会は変わります。地域が変われば日本社会も変わります。

全国のみなさんとお会いして「みんなの学校」を紹介していると、「あんな校長だからできる」とか「いい先生やいい地域の人がいるからできる」というように、自分にはできないと思い込んでしまい、「いいとは思うけど、うちは無理」とあきらめの声をよく耳にします。

でも本当に必要であれば「みんなの学校」はつくれます。それにはまず、一人ひとりが大人としてどういう社会をこれからつくればいいのかを改めて問い返す必要があります。もちろん正解などどこにもありません。すべての大人は子どもの前ではリーダーです。学校とか会社といった組織での話ではなく、社会全体で考えたら、すべての子どもにとってのリーダーは私たち大人に他なりません。

もし、「これでは絶対にすべての子どもが幸せになれないことは明らか。だから私にはできない」と感じるのであれば、スルーしないで、その時こそ文句を意見に変える力を持って、「私はこの教科書で偏った正解を教えるのはおかしいと思います」という声を、周りの現場の先生たちにどんどん伝えていくことです。「私もおかしいと思う。一緒に実践しよう」と言ってくれる人がいるはずです。そうすれば足元が固まります。ひとりでは何もできません。そこにひとり増え、ふたり増えとなるうちに、結果、子どもの周りに大人のチームができていくのです。自分をほんのちょっと変えるだけで、子どもを取り巻く環境が大きく変わるのではないかなと思います。

これから先生たちが行うことは、管理職や教育委員会の顔色をうかがうのではなく、目の前の子どもたちがどうやったら納得するか、そこを念頭において、自分がこの道徳の授業をどうするべきか、考えることです。ではどうすればいいのか。

子どもたちが納得する方法は「対話」以外ありません。議論になるとどうしても勝ち負けが出てしまいます。頭ごなしに「そんなことしてはダメ」ではなく、「私はこう思うけど、みんなどう思う?」「なるほど、そう思うんだ。なんでそう思うの?」という具合に、子どもと対話を重ねていくことが大切です。

子どもが「1+1は5」と言った際、「1+1は2」と先生が言ってしまえば、子どもはそこで対話するチャンスをすべて失ってしまいます。でも、「なんで1+1は5だと思ったの?」と聞けば、子どもはその理由を、子どもの言葉で教えてくれます。

子どもたちは、困っている子がいたら、大人が邪魔さえしなければ、「お前、なに困ってんねん。俺、助けたろか」と、子ども同士の自然な関わり合いをします。大人が「この子、障害があんねん。この子のこと面倒見たりや」と、訳のわからない正解を言って指示をするから、子どもは納得して行動しないのです。

そして、子どもが困っている友達に関わっている場面に遭遇した先生がすべきことは、「先生、あんたの行動みて学べたわ」と自分が学ぶことです。それを「障害のある子にも親切にして偉いね」なんて言うから、褒められたい子どもがどんどん増える一方で、「なんでいつもこいつの世話せなあかんねん」と、教室がとんでもない空気になってしまいます。

先生が正解を持って教えようとする行為が、子ども同士の関係性を壊して、納得しない子どもをつくってしまう。過去に大きなやり直しをした自分だからこそ、いまこうして、自分の言葉で語ることができるのですが。

「先生がどう教えるか」ではなく「子どもたちがどう学び納得するか」。道徳に限らず、すべての授業はそこが原点です。子どもを主語にした授業は、先生が「正解を教える専門家」になっていては到底できません。子どもからどう学ぼうかと、「学びのプロ」に変身しない限り、子どもたちの前に立つことは永久にできないのではないかと思うのです。

今後、おそらく模範的な授業をする、道徳のスペシャル・ティーチャーが何人か出てくると思います。しかし、そんなスペシャル・ティーチャーになることが目的ではなくて、すべての目の前の子がどう納得するか。トラブルが起きたとき、先生がジャッジしてしまったら対話はストップしてしまいます。大切なのは先生が子ども同士の通訳になれるか。そこに尽きます。

「流れる水のごとく流れるのはいとも容易、流れに逆って動くのは困難を極める」。あなたはどちらを選びますか？　それが問われているのが、私たち大人だと思います。

尾木　改めて「みんなの学校」の実践は、日本の戦後教育における宝物です。全国に少しでも広めていきたいと思っています。僕もたくさんのことを学ばせていただきました。

尾木直樹

1947年滋賀県生まれ．早稲田大学卒業後，中学，高校の国語教師を22年間務めた．その後，大学教員に転身して，法政大学教授など22年教壇に立つ．臨床教育研究所「虹」所長として教育・子育てに関する調査・研究，評論活動を続ける．著書(監修含む)は『いじめ問題をどう克服するか』(岩波新書)，『取り残される日本の教育――わが子のために親が知っておくべきこと』(講談社＋α新書)，など230冊超．テレビ，CMにも多数出演し，「尾木ママ」の愛称で親しまれている．

尾木ママオフィシャルサイト http://ogimama.jp

木村泰子

大阪市出身．武庫川学院女子短期大学卒業．「みんながつくる みんなの学校」を合い言葉に，子ども，保護者，地域住民，教職員一人ひとりがつくる大阪市立大空小学校の初代校長を9年間にわたり務めた．「すべての子どもの学習権を保障する」同校の取り組みを描いたドキュメンタリー映画『みんなの学校』が話題を呼んだ．2015年に退職後は，全国各地で講演活動，教員研修，執筆活動を行う．著書に『「みんなの学校」が教えてくれたこと――学び合いと育ち合いを見届けた3290日』(小学館)，『不登校ゼロ、モンスターペアレンツゼロの小学校が育てる 21世紀を生きる力』(共著，水王舎)など．

映画『みんなの学校』公式サイト
http://minna-movie.jp/index.php

「みんなの学校」から「みんなの社会」へ　　岩波ブックレット 997

2019年4月5日　第1刷発行

著　者　尾木直樹《おぎなおき》　木村泰子《きむらやすこ》

発行者　岡本　厚

発行所　株式会社 岩波書店
〒101-8002 東京都千代田区一ツ橋 2-5-5
電話案内 03-5210-4000　営業部 03-5210-4111
https://www.iwanami.co.jp/booklet/

印刷・製本　法令印刷　　装丁　副田高行　　表紙イラスト　藤原ヒロコ

ISBN 978-4-00-270997-0　　Printed in Japan